TOMBÉ DU CIEL

UN ANGE PLUS QUE PARFAIT

TOMBÉ DU CIEL

UN ANGE PLUS QUE PARFAIT

TEXTE D'EDMOND PROCHAIN
ILLUSTRATIONS DE VINCENT LEFEBVRE

mame

mame

Direction : Guillaume Arnaud
Direction éditoriale : Sarah Malherbe, Sophie Cluzel
Édition : Charlotte Walckenaer
Direction artistique : Élisabeth Hebert, assistée de Bleuenn Auffret
Fabrication : Thierry Dubus, Audrey Bord et Marie Dubourg
Mise en page : Text'Oh

57 rue Gaston Tessier 75019 Paris
www.mameeditions.com

ISBN : 978-2-7289-2020-4
MDS : 531 432

« Loi n°49-956 du 16 juillet 1949 sur les publications destinées à la jeunesse, modifiée par la loi n°2011-525 du 17 mai 2011. »

À Martin et Timothée,
premiers de cordée.
E. P.

Les héros de l'histoire

Les anges

Tirdel : À l'école des anges gardiens, on dit qu'il est généreux et sensible et qu'il a la tête dans les nuages. Mais quand on habite au Ciel, c'est normal, non ?

Le Club des anges : Pastel, Aquarel, Sitronel, Décibel, Ritournel et Patassel. Ce sont les amis de Tirdel, toujours là pour l'aider à faire le bien et à assurer sa mission d'ange gardien !

Tutoriel : C'est lui qui donne la plupart des cours aux élèves anges gardiens. Il est tellement vieux qu'on raconte qu'il était à l'école avec l'ange Gabriel…

La famille Bonnefoi

Albin : Plus tard, il sera pilote de course. Ou vétérinaire. Ou Président. Un peu rêveur mais courageux et débrouillard, c'est le protégé de Tirdel.

La maman d'Albin : Elle est à la maison le mercredi et comptable les autres jours. À la piscine, elle peut faire une longueur entière sous l'eau sans respirer.

Le papa d'Albin : Il tient la meilleure boutique de vélos de toute la ville : « Cyclo-Bonheur ». Son chocolat chaud est le meilleur qu'Albin ait jamais goûté.

Maude : C'est la grande sœur d'Albin. Elle est première de sa classe, même en sport, et elle sait tout faire. Mais quel mauvais caractère !

Charlotte : Ce gros bébé rieur c'est la petite sœur de Maude et d'Albin. Un jour, son grand frère l'emmènera dans ses aventures, promis…

Badiane : Recueilli par Maude, ce chat a vite adopté la famille Bonnefoi. Il porte le nom d'une épice d'Asie, même si Albin aurait préféré l'appeler « Banane »...

1

C'est un jeudi qui avait pourtant bien commencé. Ce matin, l'équipe d'Albin a battu celle de la classe du dessus au football. À midi, les frites de la cantine ont été suivies d'une superbe reconstitution de la terrible bataille entre Tiger-Boy et l'infâme Docteur Citrouille passée la veille à la télévision. Hélas, il suffit que la maîtresse prononce une phrase, au moment où sonne la dernière récréation, pour que tout bascule :

– Rappelez-vous, les enfants : nous aurons une interrogation de calcul à votre retour.

Albin s'immobilise, saisi par une angoisse soudaine. Il a complètement oublié de réviser sa leçon. Paniqué, il se réfugie dans un coin de la cour et se plonge dans son cahier en faisant la grimace.

Ah ! si seulement le Ciel pouvait lui envoyer Tirdel pour l'aider à rattraper ses erreurs... Seulement pour une fois, et il ne recommencerait plus... Pitié... Mais dans les nuages, pas la moindre petite lueur pour le sauver, et l'heure funeste approche.

– *Psstt ! Psstt !* siffle à cet instant une petite voix mélodieuse, presque comme le son d'une flûte. Tu as des soucis ?

2

Cachée derrière le saule pleureur, au fond de la cour de l'école, une silhouette fait signe à Albin de s'approcher. Dans l'ombre, on devine un beau garçon aux cheveux baignés de lumière, avec des reflets d'argent. Sa tunique immaculée, ceinte d'un ruban couleur d'azur, est assortie à des sandales impeccables. Dans son dos, deux superbes ailes rayonnent de mille feux.

Jamais encore Albin n'avait vu un ange si merveilleux.

– C'est bien toi qui as des soucis ? insiste la créature céleste.

– Ou-oui, bégaie Albin. Je n'ai pas révisé pour l'interrogation qui vient… Je vais avoir une mauvaise note, et certainement une punition.

– Ce n'est pas ta faute ! s'exclame le bel angelot.

– C'est vrai. Je n'ai pas fait exprès.

– Bon. Imagine qu'à un moment de l'interrogation, il se passe quelque chose de terrible dans la cour… Tout le monde va regarder dehors. Et toi, qu'est-ce qui t'empêcherait d'en profiter pour jeter un œil sur la feuille de ton voisin ?

– Mais… ce serait de la triche ! Ce ne serait pas juste, répond le garçon, indigné.

– Ce qui serait vraiment injuste, ce serait d'être puni quand on n'a rien fait de mal. Tu ne trouves pas ?

Albin n'a pas le temps de répondre : la fin de la récréation sonne et le bel ange se cache dans l'arbre pour ne pas être repéré.

3

Une heure plus tard, Albin retrouve son nouvel ami ailé. Il se tient juste derrière une énorme poubelle. Il arbore un sourire charmant. De ses mains délicates, il porte à sa bouche un fruit.

Le garçon tremble encore de la frousse qu'il a eue en copiant les réponses sur

la copie de Victor, son voisin, mais ressent aussi comme des chatouilles dans le ventre. Une drôle d'excitation face au danger qu'il ne connaissait pas auparavant.

– J'ai réussi. Mais comment as-tu fait pour faire tomber cet arbre dans la cour ?

– Secret ! chuchote l'ange, avec un clin d'œil. Je fais partie d'une équipe de secours super-entraînée. Nous nous occupons des situations urgentes…

– Mais pourquoi est-ce toi qui es venu, et pas Tirdel ?

– Tu ne trouves pas que la situation était grave ?

Le garçon s'aperçoit soudain qu'il ne connaît même pas le nom de son nouveau complice.

– Je m'appelle Lacrymal, précise le bel ange qui a deviné sa question.

Et il ajoute immédiatement, avant de s'éclipser :

– Tu peux m'appeler quand tu en as besoin. On se revoit plus tard : ta sœur et ton amie Sarah t'attendent.

4

Effectivement, comme souvent le soir, Sarah, la fille des voisins, rentre avec eux à la maison jusqu'au retour de ses parents. Albin retrouve sa camarade de classe, ainsi que Maude, près de la grille de l'école. Les deux filles sont encore en train de parler du saule qui s'est effondré dans la cour – heureusement, sans faire de blessés.

– J'ai eu tellement peur que j'ai eu du mal à finir le contrôle, commente Sarah.

– Et toi, Albin, demande Maude, tu as réussi ? Pas trop difficile ?

– Ah ? oh ! euh… oui très bien, bredouille le garçon, mal à l'aise.

– Bravo p'tit frère !

Maude lui passe le bras autour des épaules et ils se mettent en chemin.

5

La chute du saule pleureur n'a pas inquiété que les écoliers et leurs parents. Au Ciel, l'événement a ému aussi tous les anges qui ont un protégé dans l'école, à commencer par Tirdel.

L'angelot décide donc de descendre sur Terre pour s'assurer que le garçon va bien.

Le voilà qui plonge entre deux nuages. Arrivé dans le jardin des Bonnefoi, il s'enfonce discrètement dans le feuillage d'un arbuste et observe la maison.

Albin, Maude et Sarah sont en train de préparer un gâteau au chocolat pour le goûter. Tout semble bien se passer. Mais soudain, l'ange perçoit un bruit sur le côté de la maison. Il tourne la tête et n'a que le temps d'apercevoir une ombre se faufiler dans la chambre d'Albin. Tirdel fronce les sourcils : voilà une intrusion bien inquiétante…

En quelques battements d'ailes il rejoint la fenêtre de son protégé pour en avoir le cœur net. Il guette un instant avant d'entrer. Personne… à moins que l'inconnu se dissimule derrière l'armoire ? Vite : l'ange se précipite dans la pièce. Mais trop tard ! Dans un froissement d'ailes, la silhouette a fui par la porte.

6

Très inquiet, Tirdel se lance à la poursuite de l'ombre dans la maison. Elle a pénétré dans la salle de bains, mais lorsque Tirdel arrive, elle s'est déjà échappée par la fenêtre. « On dirait un ange, pense Tirdel. Il est dans le salon ! » Maman est installée dans la pièce,

absorbée par des courriers et des factures. L'inconnu traverse la pièce en se cachant derrière les fauteuils. L'ange gardien tente de le rattraper en rampant au plafond. Mais il n'est pas assez rapide…

La poursuite continue dans la chambre de Charlotte. Le poupon interloqué voit un premier ange filer comme la foudre, suivi d'un second tout essoufflé.

C'est dans le garage que s'achève cette course endiablée.

– Je te tiens ! s'exclame Tirdel en croyant apercevoir l'autre retranché sous la chaudière.

– Non, c'est moi qui te tiens, réplique Lacrymal en riant.

L'ange gardien fait volte-face, mais trop tard : son adversaire réussit à l'enfermer dans le garage. Tirdel est pris au piège ! Lacrymal profite de ce court répit pour sortir de sa poche un peigne d'argent et remettre en ordre ses cheveux légèrement ébouriffés, qui lui font comme deux petites cornes.

7

Loin de cette agitation, la bonne odeur d'un gâteau tout chaud a envahi la cuisine, et déjà les assiettes ne contiennent plus que des miettes. Maman sort faire une course en laissant les enfants sous la responsabilité de Maude.

À peine est-elle partie que Lacrymal tapote à la vitre pour attirer l'attention d'Albin.

– Tu veux du gâteau, c'est ça ? demande le garçon en sortant discrètement le retrouver.

– Non, merci. Je ne veux pas manger ta part.

– Tu as tort, il est drôlement bon, précise Albin en reposant l'assiette sur la table.

– Mais tu pourrais en reprendre, toi, suggère le bel ange. Après tout, c'est toi qui as le plus travaillé pour le faire… Tu devrais même avoir le droit de le finir tout seul.

Albin regarde à nouveau le gâteau. Un éclat de gourmandise parcourt ses yeux, tandis que le sourire éclatant de Lacrymal l'encourage.

– Je devrais peut-être en proposer à Sarah, objecte tout de même l'enfant.

– Elle ne le saura pas ! Et puis, Sarah est une fille : elle s'amuse bien plus avec Maude qu'avec toi. Tu ne crois pas que tu devrais les laisser seules toutes les deux ?

Albin réfléchit. L'idée présente l'avantage de lui permettre d'être tranquille. Quant au gâteau, il est encore tout chaud et sent si bon… Albin n'hésite pas longtemps.

8

Après avoir joué un peu, seul, Albin a tout de même fini par se mettre à ses devoirs, comme le lui a demandé Maman avant de partir.

– Quelle perte de temps ! soupire-t-il.

– Dis-moi si je me trompe, lance Lacrymal de sa voix cristalline, tu as eu une interrogation aujourd'hui, donc tu ne risques pas d'en avoir une autre demain, si ? Et comme tu vas avoir une bonne note, pourquoi veux-tu que la maîtresse te demande d'aller au tableau ?

C'est vrai, pense Albin : autant en profiter pour s'amuser. Encore un peu de gâteau et des dessins animés, voilà un programme plus séduisant !

En passant devant la chambre de Charlotte, il aperçoit sa petite sœur dans son lit à barreaux. Elle est en train de jouer avec le pisto-laser que leur grand-père a fabriqué pour Albin.

– Hé ! S'écrie-t-il en arrachant le jouet des mains du pauvre bébé qui fond en larmes. Mais c'est à moi, ça !

Confortablement installé devant les aventures d'Arizona Bob, l'intrépide explorateur, le garçon monte le son pour couvrir les pleurs. Rarement fin d'après-midi a semblé plus agréable. Pourtant Albin ne peut retenir un profond soupir.

9

De son côté, Tirdel a tout tenté pour s'échapper du garage, mais en vain. Face à l'urgence de la situation, l'ange gardien joue sur son pipeau un message de détresse.

Le club des anges au complet ne tarde pas à atterrir dans le jardin. À travers le soupirail du garage, leur ami prisonnier leur expose le problème. Pastel prend alors la direction des opérations. Et tandis que Ritournel, Patassel et Décibel font le guet, Sitronel essaie de débloquer la porte du garage et Aquarel fait de même avec la fenêtre. Tous s'affairent le plus discrètement possible, pour ne pas se faire repérer par la famille, et encore moins par Lacrymal.

Il ne faut pas longtemps pour qu'une issue soit dégagée. Tirdel, libéré, aurait bien poussé un cri de victoire, mais c'est aussi à ce moment que tinte la sonnette d'entrée de la maison. Les anges se cachent précipitamment et observent ce qui se passe ensuite.

10

La mère de Sarah est venue la rechercher. Maman rentre enfin et découvre avec surprise Albin devant la télévision. Le garçon devient si rouge que ses taches de rousseur sont presque invisibles.

– Albin, dit calmement madame Bonnefoi, tu vas m'expliquer : pourquoi regardes-tu la télévision sans avoir demandé la permission ? Pourquoi Charlotte pleure-t-elle ? Pourquoi as-tu laissé Sarah toute seule ? Pourquoi n'y a-t-il plus de gâteau ? Et surtout : pourquoi la mère de Victor m'a-t-elle appelée en disant que son fils t'avait vu copier sur lui aujourd'hui ?

Le silence est si pesant qu'il bourdonne presque dans les oreilles.

– Si tu ne dis rien, nous reparlerons de ça avec Papa. En attendant, je ne veux pas te voir hors de ta chambre.

Albin monte, les larmes aux yeux. Il est à la fois triste et vexé. Pour couronner le tout, l'excès de chocolat lui fait mal au cœur. Lacrymal l'attend en haut, assis sur le radiateur de la chambre.

– Décidément, tu n'as pas l'air très aimé dans cette maison…

– Ne l'écoute pas ! crie alors la voix de Tirdel. C'est un menteur professionnel.

Et à cet instant, le club des anges, qui guettait par la fenêtre, fait irruption dans la pièce.

11

À sept contre un, les anges gardiens encerclent Lacrymal sans difficulté et parviennent à l'immobiliser. Albin a été tellement surpris qu'il est resté immobile sur le seuil de la porte. Il observe la scène et soudain, le bel angelot lui semble moins grand et majestueux qu'auparavant. Ses ailes sont moins brillantes, et même un

peu abîmées. Ses cheveux, désormais en bataille et verdâtres, ont deux épis en forme de cornes. Sa tunique si blanche apparaît à présent grisâtre et rapiécée. Il lance des regards mauvais autour de lui.

– Lâchez-moi, maudits pigeons ! grogne-t-il.

Mais aucun ne semble disposé à le laisser partir.

– Lacrymal n'est pas un ange, explique Tirdel. C'est un démon.

– Son déguisement était presque parfait, précise Pastel : c'est une spécialité chez eux de se faire plus beaux et plus plaisants qu'ils ne sont.

– Sauf pour l'auréole, ajoute Sitronel.

Ces idiots oublient toujours de se faire une auréole…

– C'est bientôt fini ce vacarme ! crie Maude depuis la chambre voisine.

Albin ferme vivement la porte. Lacrymal profite de cet instant de confusion pour mordre le bras de Patassel et se dégager. Les anges se débattent pour le rattraper, mais rien n'y fait : le voilà qui s'envole et s'échappe sans demander son reste.

– Laissez-le partir, dit Pastel : les troupes de l'archange Michel finiront bien par l'attraper.

– Silence, mille trompettes ! hurle encore Maude.

12

Albin s'assied à même la moquette, dépité de sa mésaventure et le cœur tout triste. Les anges s'installent en cercle autour de lui.

– Reprends courage, sourit Tirdel. Ses conseils étaient mauvais, mais tu peux encore demander pardon à tout le monde et avouer la vérité à ta maîtresse…

– Il était si beau… et si intelligent. Et il me semblait qu'il avait raison dans tout ce qu'il disait.

– Les démons veulent toujours te faire croire que ce qu'ils te suggèrent est normal, que tu y as bien droit… Le problème, c'est que Lacrymal ne t'a fait penser qu'à toi, et l'égoïsme finit toujours par rendre triste.

Dans les nuages, on voit soudain apparaître deux ou trois éclairs à la suite, dans un grondement terrible du tonnerre. Puis le calme revient aussi vite qu'il a été rompu.

– Je vous l'avais bien dit ! s'extasie Pastel. L'archange Michel est capable de battre un dragon, alors vous pensez bien qu'un petit démon de rien du tout n'est pas difficile à effrayer… À mon avis, il s'est enfui très loin et on n'est pas près de le revoir !

– Alors c'est fini ? demande Albin.

– Il y en a d'autres comme lui, précise Tirdel. Mais ne t'inquiète pas : tu sauras maintenant les démasquer. Et puis tu sais bien que tu pourras toujours m'appeler à l'aide… Ensemble, nous serons toujours plus forts !